OUI

Prix : 15 centimes.

PARIS

CHEZ TOUS LES LIBRAIRES

1870

AUX

ÉLECTEURS FRANCAIS

I

« Le peuple approuve les réformes
« libérales opérées dans la Constitution
« depuis 1860, par l'Empereur, avec le
« concours des grands Corps de l'Etat,
« et ratifie le sénatus-consulte du 20 avril
« 1870. »

Tel est le projet de Plébisciste sur lequel est appelé à se prononcer par OUI ou par NON le peuple français, convoqué dans ses comices, le dimanche 8 mai prochain.

En apparence, il n'y a rien là qu'une réforme politique de la Constitution, approuvée par le peuple en 1852, réforme qui ne peut devenir définitive qu'à la condition qu'elle sera ratifiée par lui.

En réalité, il s'agit du fait le plus considérable qui se soit produit, non-seulement sous l'Empire, mais encore dans le cours des gouvernements réguliers qui se sont succédé depuis le commencement du siècle.

A la nation qui l'a mis à sa tête et qu'il gouverne, voici vingt ans, l'Empereur pose loyalement une question.

Il la pose afin de connaître quels sentiments ont inspirés au pays les efforts qu'il a faits pour le rendre prospère, glorieux, satisfait, et si, dans l'opinion du plus grand nombre, la Constitution nouvelle couronne dignement l'édifice auquel il a constamment travaillé.

Pour bien comprendre, dans son ensemble, avec sa portée véritable, son origine, ses conséquences, l'épreuve solennelle à laquelle la France est conviée, il faut dire tout ce que contient la question posée au peuple, sans en exagérer, mais aussi sans en affaiblir les intentions et le but.

II

Tout d'abord, est-ce l'existence de la dynastie napoléonienne qui est mise en jeu?

S'agit-il de demander à la France si elle veut encore ou ne veut plus être gouvernée par les Bonaparte?

Assurément non.

Sans doute, il est un parti qui voudrait donner au vote à émettre cette signification.

Ceux qui souhaitent la révolution, le désordre, l'anarchie, cherchent à entraîner les électeurs sur ce terrain, avec l'espoir que les hommes modérés, dont l'idéal toutefois n'est pas dans la forme monarchique impériale, hésiteront à voter : OUI.

Les électeurs ne se laisseront pas tromper.

La forme gouvernementale n'est pas en jeu.

Il ne s'agit pas de remettre en question le pacte fondamental, de transformer l'Empire héréditaire en Empire électif.

C'est sur quelque chose de plus considérable qu'une question dynastique que la France est conviée à prononcer.

C'est sur l'avenir de la liberté dans ce pays, sur la liberté seule.

III

En fondant l'Empire, en déclarant sa Constitution perfectible, l'Empereur n'avait pas voulu fermer la porte de la France aux idées et aux pratiques libérales.

Il s'était dit : Nous fonderons l'ordre ; après l'ordre, nous fonderons la liberté.

En 1860, l'ordre était définitivement fondé ; la période autoritaire close ; l'ère de la liberté commençait.

Depuis cette époque, il a été fait, à des dates demeurées fameuses, des pas considérables dans la voie libérale.

Sur l'initiative de l'Empereur, avec le concours des grands Corps de l'Etat, à l'instigation d'hommes dévoués à la liberté, des réformes radicales ont été accomplies.

D'étape en étape, la France a été conduite ainsi, à travers des discussions éloquentes, parmi des tempêtes heureusement surmontées, à cette date du 2 janvier 1870, qui a vu, fait sans précédent dans l'histoire moderne, le pouvoir personnel s'immoler sur l'autel de la liberté.

Le jour où cette évolution a été accomplie, on s'est aperçu que la Constitution, votée en 1852 par le peuple, et successivement modifiée, n'était plus en harmonie avec les idées et les pratiques nouvelles.

Pour faire cesser cette anomalie, le

sénatus-consulte du 20 avril 1870 est intervenu.

Une Constitution, adaptée aux besoins du jour comme à ceux de l'avenir, a été proclamée, et afin qu'elle n'eût pas une autorité moindre que celle de 1852, on a résolu de la soumettre à la ratification du peuple.

De là, le Plébiciste du 8 mai prochain.

IV

Or, qu'est-elle cette Constitution dont la ratification est demandée au peuple ?

Quels faits consacre-t-elle ?

Quels principes proclame-t-elle ?

Nous allons le dire.

Elle reconnaît, confirme et garantit les grands principes proclamés en 1789, qui sont la base du droit public des Français.

Elle maintient à Napoléon III et à ses successeurs la dignité impériale.

Elle déclare que l'Empereur gouverne avec le concours des ministres, du Sénat, du Corps législatif et du Conseil d'Etat ; que la puissance législative s'exerce collectivement par l'Empereur, le Sénat et le Corps législatif, que l'initiative des lois leur appartient et que toute loi d'impôt doit être d'abord votée par les représentants directs des contribuables.

Elle déclare l'Empereur responsable devant le peuple français auquel il a toujours le droit de faire appel, lui at-

tribue la puissance exécutive et pro-
clame la responsabilité des ministres
qui gouvernent avec lui.

Elle donne au Sénat la puissance législative qu'il n'avait pas; mais elle lui
enlève le pouvoir constituant pour le
restituer au peuple.

Enfin, elle pose cette condition que le
peuple seul pourra la modifier, sur la
proposition de l'Empereur.

Autrefois, l'Empereur pouvait, gêné
par le Corps législatif, se passer de Corps
législatif, au moins pour un temps, et
gouverner avec le concours du Sénat.
Il ne le peut plus.

Les Chambres n'avaient pas le droit
de proposer des lois. Elles ont ce droit.

En outre, tout ce qui est à régler eu

dehors de la Constitution ainsi faite, lois d'impôt, tarifs de douane, circonscriptions électorales, nominations des maires, questions municipales, tout cela reste au domaine de la loi.

V

Telle est la Constitution nouvelle.

De telle sorte que par un déplacement que l'Empereur a généreusement consenti, alors que le pouvoir était dans ses mains, ce pouvoir passe de ses mains dans celles des Chambres.

Désormais, électeurs, — écoutez bien ceci ! — désormais,

Les impôts que vous payez ;

Les tarifs douaniers et d'octroi qui frappent vos produits et votre consommation ;

Les dépenses que vous faites dans vos communes ;

Les circonscriptions électorales dans lesquelles vous votez ;

Les maires qui gèrent vos intérêts ;

Les chemins de fer qui vous transportent ;

Les routes que vous parcourez ;

Les sources des revenus publics ;

L'emploi des recettes ;

La gérance des finances, toutes ces choses appartiennent à votre décision et à elle seule.

Par l'organe de vos représentants, de vos élus, vous prononcez en dernier res-

sort, et si vous avez des députés qui re-
présentent fidèlement vos intérêts et vos
cœurs, vous ne serez plus exposés à
souffrir dans la gestion de vos affaires.

Vous êtes vos maîtres.

Cette gestion vous appartient, n'appartient qu'à vous.

Le pays se gouverne lui-même.

VI

Eh quoi ! se dira l'ouvrier des villes ;
eh quoi ! se dira l'habitant des campagnes, est-il vrai que moi, pauvre, obscur,
ignoré, j'ai ma part de pouvoir et que
je concoure pour quelque chose au
gouvernement ? C'est impossible.

Rien n'est plus vrai cependant.

Voici comment, grâce à la Constitution nouvelle, se passeront ces choses.

Ouvriers des villes, habitant des campagnes, agriculteurs, industriels, propriétaires, négociants, rentiers, fonctionnaires, vous êtes tous, tous sans exception, en possession d'un merveilleux privilége qui s'appelle l'égalité politique.

Vous avez dans les mains un instrument dont le fonctionnement régulier vous assure des droits sans limites.

Cet instrument, c'est le suffrage universel !

Le suffrage universel s'exerçant sans pression du préfet, sans menaces du garde champêtre, sans candidatures officielles, sans que le pouvoir ait à intervenir si ce n'est pour assurer la liberté de votre vote.

Pour les affaires de la commune, vous nommez vos conseillers municipaux, leur manifestant vos désirs et avec la faculté de ne pas les réélire, s'ils n'agissent pas conformément à vos vœux.

Pour les affaires de la France qui sont aussi les vôtres, vous nommez des députés. Ces députés se réunissent et, investis de votre mandat, ils se trouvent en présence des ministres, afin de discuter, de défendre, de faire triompher vos intérêts.

Les ministres, sous peine d'être renversés et remplacés, sont tenus d'obéir à la volonté de vos mandataires, et votre pouvoir, électeurs, s'exerce ainsi

sans trouble, sans secousse, sans vio-
lence.

Exemple :

La guerre éclate. Le pays ne voulait
pas la guerre, elle a été faite malgré le
vœu de l'opinion publique. Soit. Mais,
les députés voteront contre les ministres,
et ceux-ci, renversés, devront céder la
place à d'autres qui, plus soucieux des
désirs de la nation, s'empresseront de
conclure la paix.

Ainsi de tout. En toutes circonstances,
c'est la volonté du pays qui devra pré-
valoir.

Ainsi, les droits de la majorité s'exer-
ceront, tandis que toutes les propositions
de la minorité pourront se faire jour, se
traduire, s'imposer aux méditations de

tous et attendre, si elles sont bonnes, l'heure du triomphe.

VII

Que penser d'une Constitution ainsi faite?

Faut-il être un savant, un homme d'État pour comprendre ce qu'elle contient de beau, de grand, de pratique; combien elle est conforme aux intérêts généraux du pays?

Eh bien, c'est sur cette Constitution, électeurs, que l'Empereur vous interroge.

C'est de cette Constitution qu'il vous dit :

— En voulez-vous? N'en voulez-vous pas?

A cette question, que répondrez-vous?

VIII

Les hommes violents, les révolution-
naires, les ambitieux, les rêveurs, les
intrigants ;

Ceux qui veulent se faire de votre cré-
dulité, de votre faiblesse, de vos passions,
de votre impatience, de vos méconten-
tements, un piédestal pour arriver à la
popularité ;

Ceux qui, pleins encore des souvenirs
d'un passé glorieux quelquefois, le plus
souvent sanglant, toujours stérile, n'ont
pas su vaincre leurs préjugés et leurs
haines ;

Ceux-là vous conseillent de répondre :
NON.

Ceux qui détestent le désordre, l'anarchie, les barricades;

Ceux qui ne veulent pas qu'on trompe le peuple;

Ceux qui veulent qu'on revienne au respect de ces choses qu'aujourd'hui on respecte si peu : Dieu, les prêtres, la femme, les vieillards et la famille;

Ceux qui ne veulent pas que les foules croupissent dans l'ignorance, qui est un poison mortel, mais qui souhaitent les voir grandir par l'instruction qui est une lumière;

Ceux qui pensent que la tolérance, la douceur, la persuasion sont des bienfaits pour les nations qui les pratiquent;

Ceux qui sont convaincus qu'on n'arrive au bien-être général que par la liberté, et à la liberté que par la sécurité de tous ;

Ceux qui savent que l'ordre est le premier des biens et que toute révolution équivaut à une chute épouvantable dont on ne guérit les résultats qu'après des années de souffrance ;

Ceux enfin qui aiment le peuple et la France ;

Ceux-là vous supplient, vous adjurent de répondre : OUI !

IX

Souvenez-vous du passé !

Depuis quatre-vingts ans, que de révolutions, que de luttes a traversées, a subies la France !

Vos pères vous ont raconté ces douleurs, ces amertunes, ces déceptions cruelles.

Ils vous ont parlé des jours de terreur et de deuil.

L'échafaud était dressé dans les villes ; les victimes gémissaient dans les prisons et le sang innocent coula comme un fleuve.

La France eut peur. Un homme énergique, fort, apparut ;

Elle reconnut en lui son maître.

Épouvantée par les désastres de la révolution, par les réactions sanglantes elle fit un empereur de cet homme qui l'arrachait au désordre, lui donna la toute-puissance, se courba sous sa volonté et, pendant onze ans, se laissa entraîner sur les champs de bataille où elle trouva la gloire, mais où elle faillit trouver la mort.

Le sang coula de nouveau ; la France manqua de s'y épuiser. Et ce qui l'avait conduite là, c'était la peur !

La peur qui succède toujours à la révolution !

OUI, la révolution enfanta le despotisme et la guerre.

Dans ses flancs, elle ne contient rien autre. Elle mène fatalement les nations à la tyrannie, à l'humiliation, à la servitude.

Voilà où veulent vous conduire ceux qui vous engagent à répondre : non.

Voilà pourquoi, vous répondrez : OUI !

X

En répondant OUI, vous déjouerez les espérances coupables, vous apporterez à l'Empereur en qui s'incarne aujourd'hui la cause de l'ordre par la liberté, le concours de votre force irrésistible.

Vous assurerez ainsi le triomphe de toutes les idées honnêtes.

Vous mettrez un terme à ces tentatives coupables de désordre qui, depuis un an, ont troublé Paris, tenu les affaires en échec, porté le trouble dans le pays.

Vous prouverez aux irréconciliables que la France n'est pas avec eux.

Vous déclarerez qu'une poignée

d'hommes violents ne saurait vous imposer sa volonté.

Et vous affirmerez qu'autant vous êtes les partisans énergiques de la liberté, autant vous êtes les implacables ennemis de l'anarchie et de la révolution.

En répondant OUI, enfin, vous assurerez dans l'avenir la réalisation de toutes vos espérances légitimes par le libre exercice du suffrage universel.

XI

Mettez-vous en garde contre les paroles violentes et mensongères.

On vous dira que, depuis vingt ans, les impôts sont devenus plus lourds.

C'est faux !

Aucun impôt n'a été augmenté. C'est leur total qui s'est accru, parce que le mouvement des affaires, la consommation générale qui en sont la base se sont accrus.

On vous dira que l'Empire n'a rien fait pour les classes ouvrières.

C'est faux !

Il a créé des sociétés de secours mutuels, de prévoyance, de prêt au travail, des caisses de retraite, des asiles, des maisons de santé, des hospices ; il a proposé et fait adopter des lois au profit des ouvriers. L'agriculture, l'industrie ont été protégées, encouragées, et il s'est montré soucieux de vos intérêts.

On vous dira encore que les guerres

du second Empire n'ont donné aucun résultat neureux au pays.

C'est faux !

La guerre de Crimée a assuré notre prépondérance en Orient; la guerre d'Italie nous a donné d'abord la gloire d'avoir restitué à un grand peuple sa liberté. Elle nous a donné ensuite trois départements dont l'annexion a augmenté notre territoire. L'expédition de Cochinchine nous a valu une colonie prospère, et si l'expédition du Mexique n'a pas atteint le but qu'on s'était proposé en l'entreprenant, c'est que des machinations odieuses l'ont fait avorter avant terme.

On vous dira que, si vous accordez au gouvernement la majorité de vos suffrages, il en profitera pour reprendre toutes les libertés qu'il a concédées.

C'est faux !

S'il obtient la victoire, il continuera à se servir des moyen qui la lui auront procurée.

Enfin, on vous dira peut-être que vous ne pouvez voter pour le gouvernement qui a fait le coup d'Etat de 1851.

Répondez, comme vous répondîtes alors,

Par des millions de suffrages.

Répondez : OUI !

XII

Ceux qui vous poussent à voter par

NON sont les ennemis irréconciliables
du gouvernement. Ils veulent le ren-
verser, ils l'ont avoué. Mais, ils n'ont
rien à mettre à sa place que l'anarchie
qui transforme en ruines les nations les
plus prospères.

Ceux qui vous poussent à voter par
OUI sont les fidèles amis de la liberté, qui ne veulent pas que la France
perde, dans un accès capricieux, les fruits
de leurs efforts.

Avec le gouvernement actuel, vous
êtes vos maîtres.

Avec un gouvernement nouveau, vous
seriez des esclaves, et avant de revoir de
nouveau les jours de joie succéder aux
jours de deuil, il faudrait verser des
larmes et voir répandre le sang.

Surtout, ne vous abstenez pas. S'abstenir, c'est déserter devant l'ennemi.

Votez, votez pour l'ordre, pour la liberté, pour la grandeur, pour l'avenir de la France! Tout cela est contenu dans ce seul mot : OUI!

Le pays, qui a le choix entre la liberté et les désastres de l'anarchie, ne repoussera pas la liberté! Il est encore de grands jours pour la France de 1789, et une poignée d'irréconciliables violents n'entraînera pas le suffrage universel — qui peut tout ce qu'il veut — à vouloir le désordre.

Electeurs français, vous voterez : OUI!

Paris. — Imprimé par Ch. Noblet, 18, r. Soufflot.